BEI GRIN MACHT SICH IHR
WISSEN BEZAHLT

- Wir veröffentlichen Ihre Hausarbeit,
  Bachelor- und Masterarbeit

- Ihr eigenes eBook und Buch -
  weltweit in allen wichtigen Shops

- Verdienen Sie an jedem Verkauf

Jetzt bei www.GRIN.com hochladen
und kostenlos publizieren

Eric Liebau

Entwurf eines Pattern-Generators in Form eines Bitmustergenerators

GRIN Verlag

Bibliografische Information der Deutschen Nationalbibliothek:

Die Deutsche Bibliothek verzeichnet diese Publikation in der Deutschen National-
bibliografie; detaillierte bibliografische Daten sind im Internet über http://dnb.d-
nb.de/ abrufbar.

Impressum:

Copyright © 2009 GRIN Verlag GmbH
Druck und Bindung: Books on Demand GmbH, Norderstedt Germany
ISBN: 978-3-656-38987-3

Dieses Buch bei GRIN:

http://www.grin.com/de/e-book/210616/entwurf-eines-pattern-generators-in-form-
eines-bitmustergenerators

GRIN - Your knowledge has value

Der GRIN Verlag publiziert seit 1998 wissenschaftliche Arbeiten von Studenten, Hochschullehrern und anderen Akademikern als eBook und gedrucktes Buch. Die Verlagswebsite www.grin.com ist die ideale Plattform zur Veröffentlichung von Hausarbeiten, Abschlussarbeiten, wissenschaftlichen Aufsätzen, Dissertationen und Fachbüchern.

Besuchen Sie uns im Internet:

http://www.grin.com/

http://www.facebook.com/grincom

http://www.twitter.com/grin_com

Fachhochschule Jena
University of Applied Sciences Jena

AHDL - Belegarbeit

Pattern-Generator

Technische Informatik
Name: Eric Liebau

Datum: 22.01.2009

INHALTSVERZEICHNIS

ABBILDUNGSVERZEICHNIS

TABELLENVERZEICHNIS

1 EINLEITUNG

Oft ist es notwendig technische Geräte mit mehr oder weniger zufällig erzeugten Testmustern zu prüfen. Um solche Testmuster in den verschiedensten Situationen und Varianten möglichst schnell und zuverlässig erzeugen zu können, werden Pattern-Generatoren (*englisch: Bitmustergenerator, Flächenmustergenerator*) eingesetzt. Diese Geräte erzeugen mit Hilfe eines Oszillators ein entsprechendes Taktsignal, welches vom Benutzer in seiner Frequenz und in seinem Tastverhältnis moduliert werden kann. Desweiteren ist es möglich, verschiedene Signale miteinander durch logische Operationen zu verknüpfen und somit das Testmuster noch weiter auszubauen.

Ein Einsatzgebiet der Pattern-Generatoren ist beispielweise die Videotechnik. Hier wird mit Hilfe eines Flächenmustergenerators ein Testbild erzeugt (*siehe Abbildung 1*), um so den Anzeigebereich des Bildschirms oder Projektors zu vermessen und zu analysieren.

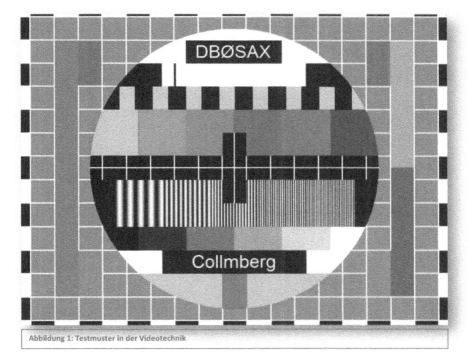

Abbildung 1: Testmuster in der Videotechnik

Im Rahmen der Lehrveranstaltung *Rechnergestützter Schaltkreisentwurf - AHDL* gilt es einen Pattern-Generator in Form eines Bitmustergenerators zu entwerfen, zu simulieren und einen geeigneten Schaltkreis für das Projekt auszuwählen. Als Entwurfs- und Simulationswerkzeug soll dabei das Programm *Altera Max + plus II* in der Version *10.2* dienen.

2 FUNKTIONELLER ENTWURF UND SIMULATION

2.1 Schematischer Aufbau

Zur Erzeugung eines Testmusters wird ein Signalgenerator benötigt, mit dessen Hilfe der Systemtakt *Clock* moduliert und als neuer Takt *Signal* ausgegeben werden kann. Es wird dabei ein Systemtakt von 330 MHz verwendet. Dieser kann durch das Modul *Clock-Select* und das Eingangssignal *Select* auf 165 MHz reduziert werden:

> *Select* = 0 → 330 MHz
> *Select* = 1 → 165 MHz.

Das Modul *Clock-DutyCycle* dient dazu das Tastverhältnis des Taktes zu modulieren. Hierfür wird das Eingangssignal *Modulation* benutzt. Das Tastverhältnis kann von 10% bis 100% in Schritten von 10% eingestellt werden. Durch diese Modulation reduziert sich der Ausgangstakt jedoch um 50%.

Ebenso ist es möglich das Taktsignal in seiner Phase zu verschieben. Es kann mit Hilfe des Moduls *Clock-DutyCiycle* und dem Eingangssignal *Delay* eine Phasenverschiebung von 0% bis 90% in 10%-Schritten erreicht werden.

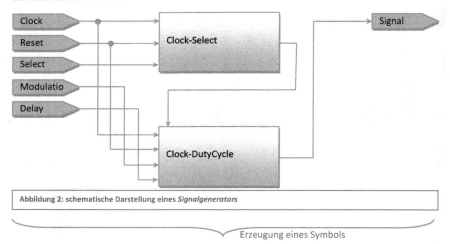

Abbildung 2: schematische Darstellung eines *Signalgenerators*

Erzeugung eines Symbols

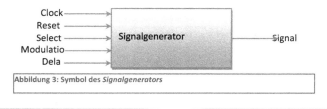

Abbildung 3: Symbol des *Signalgenerators*

Das Modul *Signalgenerator* kann, je nach Funktionsumfang des Pattern-Generators, beliebig oft dupliziert werden, um so dem Benutzer noch mehr Möglichkeiten zur Erstellung eines Testmusters zu bieten. In dieser Belegarbeit wird sich jedoch zu Gunsten des Simulationsumfanges auf zwei Signalgeneratoren beschränkt. Ein Entwurf eines Pattern-Generators mit drei oder mehr Signalgeneratoren wäre jedoch analog zu diesem Beispiel.

Das Modul *Signal-Operation* und das Eingangssignal *Operation* erlauben es dem Benutzer die Signale aus den verschiedenen *Signaloperatoren* mit logischen Operationen zu verknüpfen, um so das Test-Bitmuster komplexer gestalten zu können. Dabei werden die logischen Operationen AND, OR und XOR zur Verfügung gestellt. Auch diese sind beispielhaft gewählt und können problemlos erweitert werden.

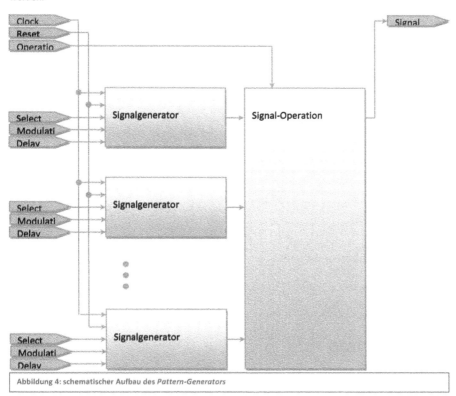

Abbildung 4: schematischer Aufbau des *Pattern-Generators*

2.2 Modul *Clock-Select*

2.2.1 Entwurf

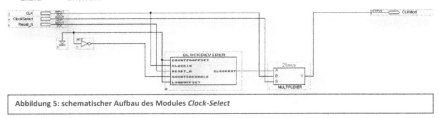

Abbildung 5: schematischer Aufbau des Modules *Clock-Select*

Das *Clock-Select*-Modul besteht aus den Signaleingängen *CLK*, welches den Systemtakt darstellt, *ClockSelect*, mit dem die Auswahl des Taktes stattfindet und *Reset_N*, ein null-aktives Reset-Signal.

Der *21mux*-Block dient dazu, den vom Benutzer gewünschten Takt auf den Ausgang *CLKMod* zu legen. Die Wahl des Taktes wird dabei mit der Multiplexer-Adressierung *ClockSelect* getroffen:

ClockSelect = 0 → *ClockDevider*-Modul wird umgangen → *CLKMod* = 330 MHz
ClockSelect = 1 → *ClockDevider*-Modul wird nicht umgangen → *CLKMod* = 165 MHz.

Der Block *ClockDevider* wird benutzt, um den Systemtakt von 330 MHz auf 165 MHz zu reduzieren und stellt einen 1-Bit-Zähler dar, welcher in der Hardwarebeschreibungssprache AHDL (*siehe Anhang 4.1.1*) und VHDL (*siehe Anhang 4.2.1*) realisiert wurde.

2.2.2 Simulation

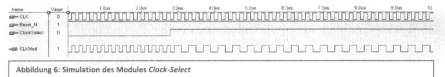

Abbildung 6: Simulation des Modules *Clock-Select*

Wie in der Simulation erkennbar ist, bleibt der Ausgangstakt *CLKMod* solange gleich dem Eingangstakt *CLK*, wie das Signal *ClockSelect* „0" ist. Ändert sich *ClockSelect* auf „1", so wird der Ausgangstakt *CLKMod* um die Hälfte reduziert.

2.3   Modul *Clock-DutyCycle*

2.3.1   Entwurf

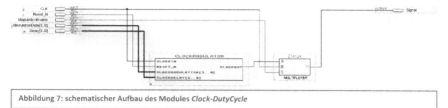

Abbildung 7: schematischer Aufbau des Modules *Clock-DutyCycle*

Das Modul *Clock-DutyCycle* besitzt die Signaleingänge *CLK*, welcher das Taktsignal *CLKMod* von dem vorherigen Modul *ClockSelect* darstellt, *Reset_N*, welcher auch hier ein null-aktives Reset-Signal beschreibt, *ModulationEnable*, welcher die Takt-Modulation freigibt, *ModulationData*, um die Takt-Modulation einzustellen und *Delay*, für eine Phasenverschiebung des Taktsignals.

Der 21mux-Block dient hier ebenfalls dazu, den vom Benutzer gewünschten Takt auf den Ausgang *Signal* zu legen. Die Wahl des Ausgangssignals wird dabei mit der Multiplexer-Adressierung *ModulationEnable* getroffen:

> ModulationEnable = 0 → *ClockModulator*-Modul wird umgangen → *Signal* = *CLK*
> ModulationEnable = 1 → *ClockModulator*-Modul wird nicht umgangen → *Signal* wird entsprechend *ModulationData* und *Delay* berechnet.

Der Block *ClockModulator* beinhaltet die Funktion zur Modulation und Phasenverschiebung des Eingangstaktes. Dies wird ebenfalls mit Hilfe eines 4-Bit-Zählers und internen Speichern realisiert und ist sowohl in der Hardwarebeschreibungssprache AHDL (*siehe Anhang 4.1.2*) als auch VHDL (*siehe Anhang 4.2.2*) realisiert.

2.3.2   Simulation

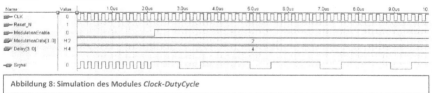

Abbildung 8: Simulation des Modules *Clock-DutyCycle*

In der Simulation dieses Moduls ist zu erkennen, dass der Ausgangstakt *Signal* solange dem Eingangstakt *CLK* entspricht, wie das Signal *ModulationEnable* „0" ist. Ändert sich dieses Signal auf „1", wird der Ausgangstakt *Signal* um die Phase *Delay* (in diesem Fall 5 Takte) verschoben und mit den Daten aus *ModulationData* (in diesem Fall ein Verhältnis von 30% low und 70% high) moduliert.

2.4 Modul *Signalgenerator*

2.4.1 Entwurf

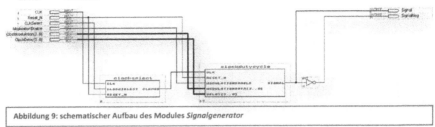

Abbildung 9: schematischer Aufbau des Modules *Signalgenerator*

Die Zusammenschaltung der vorherigen Module *ClockSelect* und *Clock-DutyCycle* bilden das Modul *Signalgenerator*. Als Ausgang wird der gegebenenfalls modulierte Takt *Signal* und die Negierung dieses Taktes *SignalNeg* ausgegeben.

2.4.2 Simulation

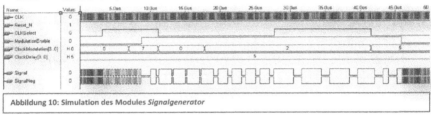

Abbildung 10: Simulation des Modules *Signalgenerator*

In der Simulation des Moduls *Signalgenerator* lassen sich alle bereits schon beschrieben Effekte erkennen. Das Ausgangssignal *Signal* und *SignalNeg*, als negierte Form von *Signal*, sind solange gleich dem Eingangstakt *CLK*, wie *CLKSelect* gleich „0" ist. Wird der Wert von *ClockSelect* auf „1" geändert, halbiert sich auch der Ausgangstakt. Sobald das Eingangssignal *ModulationEnable* den Wert „1" annimmt, wird das Ausgangssignal um den Wert von *Delay* (in dieser Simulation 6 Takte) verschoben und mit den Daten von *ClockModulation* (in dieser Simulation erst 80% low und 20% high, dann 10% low und 90% high, dann 30% low und 70% high, dann 60% low und 40% high) moduliert. Ebenfalls ist zu erkennen, dass sich das modulierte Ausgangssignal entsprechend streckt oder verkürzt, wenn man wahlweise CLKSelect auf „1" oder „0" setzt.

2.5   Modul *Signal-Operation*

2.5.1   Entwurf

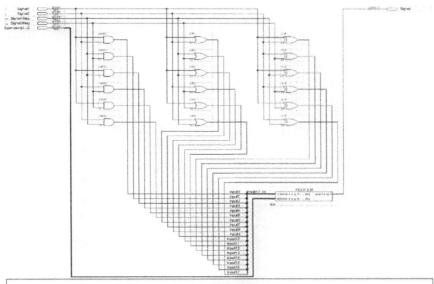

Abbildung 11: schematischer Aufbau des Modules *Signal-Operation*

Das Modul *Signal-Operation* dient dazu, die Ausgangssignale *Signal* und *SingalNeg* der verschiedenen *Signalgeneratoren* durch logische Operatoren zu verknüpfen und dadurch ein komplexeres Bitmuster zu erzeugen. Die Auswahl der gewünschten Kombination kann durch das Eingangssignal *Operation* getroffen werden.

Der Multiplexer-Block *MUX18* legt dabei das gewünschte Signal auf den Ausgang *Signal*. Dieser Block liegt auch in den Hardwarebeschreibungssprachen AHDL (*siehe Anhang 4.1.3*), sowie VHDL (*siehe Anhang 4.2.3*) vor.

2.5.2   Simulation

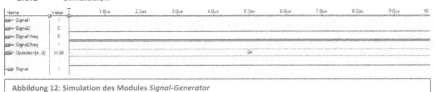

Abbildung 12: Simulation des Modules *Signal-Generator*

In dieser Simulation ist sehr gut zu erkennen, dass durch den Signaleingang *Operation* die Adressierung „H04" getätigt wird, was in diesem Fall *Signal1* AND *SignalNeg2* bedeutet. Als Resultat ist auf dem Ausgang *Signal* eine „1" zu erkennen.

2.6 Modul *Pattern-Generator*

2.6.1 Aufbau

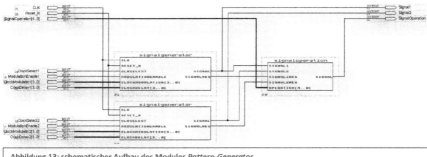

Abbildung 13: schematischer Aufbau des Modules *Pattern-Generator*

Als abschließendes und oberstes Projekt-Modul gilt es den Pattern-Generator zu beschreiben. Dieses Modul ist eine Zusammenschaltung der letzten beiden beschriebenen Module, welche wiederum andere bereits erklärte Module beinhalten. Das *Pattern-Generator*-Modul besteht aus den Eingängen *CLK*, als globaler Systemtakt, Reset_N, ein null-aktives globales Reset und *SignalOperation*, sowie den lokalen Eingängen zu den N *Signalgeneratoren* (wobei N in diesem Beispiel gleich 2 ist) *ClockSelect*N, *ModulationEnable*N, *ClockModulation*N und *ClockDelay*N.

Die Funktionen aller Eingänge und Blöcke wurden bereits in den vorherigen Modulbeschreibungen ausführlich erläutert.

Als Ausgänge des *Pattern-Generators* sind die Signale *Signal*N der *Signalgeneratoren*, sowie die Kombination der *Signale*N in dem Modul *Signal-Operation* als *SignalOperation* definiert.

2.6.2 Simulation

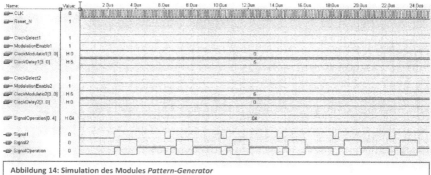

Abbildung 14: Simulation des Modules *Pattern-Generator*

Diese Simulation kombiniert ebenfalls, wie bereits der Entwurf, alle Simulationsergebnisse der bereits beschriebenen Module. In der Simulation ist zu erkennen, dass mit zwei *Signalgeneratoren* simuliert wurde. Der Ausgangstakt des ersten *Signalgenerators* beträgt, aufgrund von *ClockSelect1*, den halbierten Eingangstakt *CLK*. Dasselbe ist bei dem zweiten *Signalgenerator* zu beobachten, weil auch hier *ClockSelect2* „1" ist. Beide *Signalgeneratoren* haben die Modulation des Taktes freigegeben, da sowohl *ModulationEnable1*, als auch *ModulationEnable2* auf „high" liegen. Der Ausgangstakt des ersten *Signal-Generators* wird durch *ClockDelay1* um 6 Takte in seiner Phase verschoben und durch *ClockModulation1* mit einem Tastverhältnis von 10% low und 90% high moduliert, was in dem Ausgangssignal *Signal1* zu erkennen ist. Der Ausgangstakt des zweiten *Signal-Generators* wird, wie in *Signal2* zu sehen ist, nicht in seiner Phase verschoben, da *ClockDelay2* „H0" ausweist. Jedoch wird dieser mit den Daten von *ClockModulation2* auf ein Tastverhältnis von 70% low und 30% high gebracht. Durch das Eingangssignal *SignalOperation* beinhaltet der Ausgang *SignalOperation* eine logische Kombination von *Signal1* AND *SignalNeg2* (negierter Signalausgang von *Signal2*).

3 AUSWAHL EINES GEEIGNETEN SCHALTKREISES

Table 1. MAX 3000A Device Features

Feature	EPM3032A	EPM3064A	EPM3128A	EPM3256A	EPM3512A
Usable gates	600	1,250	2,500	5,000	10,000
Macrocells	32	64	128	256	512
Logic array blocks	2	4	8	16	32
Maximum user I/O pins	34	66	98	161	208
t_{PD} (ns)	4.5	4.5	5.0	7.5	7.5
t_{SU} (ns)	2.9	2.8	3.3	5.2	5.6
t_{CO1} (ns)	3.0	3.1	3.4	4.8	4.7
f_{CNT} (MHz)	227.3	222.2	192.3	126.6	116.3

Tabelle 1: Schaltkreisauswahl Altera MAX3000A-Familie

Der Schaltkreis für den Pattern-Generator sollte in der Lage sein, die logische Schaltung vollständig aufzunehmen. Es werden 27 Eingangssignale benötigt. Dabei unterteilen sich die Eingänge in drei Gruppen. Die erste Gruppe beinhaltet den Systemtakt von 330 MHz, die Benutzereingabe für die gewünschte logische Signaloperation und ein null-aktives Reset-Signal. Die zweite und dritte Gruppe beinhalten jeweils die separaten Einstellungsmöglichkeiten der zwei vorhandenen Signalgeneratoren, wie die Taktauswahl, die Modulationsfreischaltung des Taktes, die gewünschten Modulationsdaten und die Phasenverschiebung. Ebenso werden 3 Ausgangssignale benötigt, welche jeweils das Ausgangssignal der beiden Signalgeneratoren, sowie den Ausgang der logischen Operation der beiden Signale darstellt.

Für jeden weiteren Signalgenerator würden zehn zusätzliche Eingänge und mindestens ein weiterer Ausgang hinzukommen.

Insgesamt muss der Schaltkreis für einen Pattern-Generator mit zwei verfügbaren Signalgeneratoren 30 Pins bereitstellen, welche als Ein- oder Ausgang verwendet werden können. Außerdem benötigt das Projekt 51 logische Zellen, sowie 19 gemeinsam nutzbare Erweiterungen, die der Schaltkreis bereitstellen muss. Wie in *Tabelle 1* zu sehen würde der *EPM3032A* genügend I/O-Pins bereitstellen, könnte aber mit nur 32 Makrozellen die Logik nicht fassen. Deshalb fällt die Wahl auf den *EPM3064A*, welcher zweimal mehr I/O-Pins als benötigt besitzt und mit 64 Makrozellen die programmierte Logik vollständig aufnehmen kann.

Eine explizite Auswahl des Schaltkreises in *Max + plus I 10.2* gelingt. Die anschließende Kompilierung des Projektes erfolgt fehlerfrei. Für eine Erweiterung des Schaltkreises durch zusätzliche Signalgeneratoren muss jedoch eine erneute Wahl getroffen werden, da der Schaltkreis diese eventuell nicht mehr erfassen kann.

4   ANHANG

4.1   AHDL-Quellcode

4.1.1   ClockDevider

```
TITLE "Clearable loadable enablable counter";

SUBDESIGN ClockDevider
(
        CounterOffset, ClockIn, Reset_N, CounterEnable, LoadOffset    : INPUT;
        ClockOut                                                      : OUTPUT;
)

VARIABLE
        signalcount2                                                  : DFF;

BEGIN
        signalcount2.clk = ClockIn;
        signalcount2.clrn = Reset_N;
        signalcount2.prn = VCC;

        IF LoadOffset == B"1" THEN
                signalcount2 = CounterOffset;
        ELSE
                IF CounterEnable == B"1" THEN
                        signalcount2.d = !signalcount2.q;
                ELSE
                        signalcount2.d = signalcount2.q;
                END IF;
        END IF;

        ClockOut = signalcount2.q;
END;
```

4.1.2 ClockModulator

```
TITLE "Clearable modulateable counter";

SUBDESIGN ClockModulator
(
        ClockIn, Reset_N, ClockModulation[3..0], ClockDelay[3..0]      : INPUT;
        ClockOut                                                       : OUTPUT;
)

VARIABLE
        signalcount10[3..0]                                            : DFF;
        signalclock, signalenable                                      : DFF;

BEGIN
        signalcount10[].clk = ClockIn;
        signalcount10[].clrn = Reset_N;
        signalcount10[].prn = VCC;

        signalclock.clk = ClockIn;
        signalclock.clrn = Reset_N;
        signalclock.prn = VCC;

        signalenable.clk = ClockIn;
        signalenable.clrn = Reset_N;
        signalenable.prn = VCC;

        signalenable.d = signalenable.q;

        IF signalcount10[] == 9 OR (signalcount10[] == ClockDelay[] AND signalenable == B"0") THEN
                signalcount10[].d = 0;
                signalclock.d = B"0";
        ELSE
                signalcount10[].d = signalcount10[].q + 1;
                signalclock.d = signalclock.q;
        END IF;

        IF signalenable == B"1" THEN
                IF signalcount10[] == ClockModulation[] THEN
                        signalclock.d = B"1";
                END IF;
        ELSE
                IF signalcount10[] == ClockDelay[] THEN
                        signalenable.d = B"1";
                END IF;
        END IF;

        ClockOut = signalclock.q;
END;
```

4.1.3   MUX18

```
TITLE "18 to 1 Multiplexer";

SUBDESIGN MUX18
(
      muxInput[17..0], Adress[4..0]                          : INPUT;
      muxOutput                                              : OUTPUT;
)

BEGIN
      CASE Adress[] IS
            WHEN B"00000"       => muxOutput = muxInput[0];
            WHEN B"00001"       => muxOutput = muxInput[1];
            WHEN B"00010"       => muxOutput = muxInput[2];
            WHEN B"00011"       => muxOutput = muxInput[3];
            WHEN B"00100"       => muxOutput = muxInput[4];
            WHEN B"00101"       => muxOutput = muxInput[5];
            WHEN B"00110"       => muxOutput = muxInput[6];
            WHEN B"00111"       => muxOutput = muxInput[7];
            WHEN B"01000"       => muxOutput = muxInput[8];
            WHEN B"01001"       => muxOutput = muxInput[9];
            WHEN B"01010"       => muxOutput = muxInput[10];
            WHEN B"01011"       => muxOutput = muxInput[11];
            WHEN B"01100"       => muxOutput = muxInput[12];
            WHEN B"01101"       => muxOutput = muxInput[13];
            WHEN B"01110"       => muxOutput = muxInput[14];
            WHEN B"01111"       => muxOutput = muxInput[15];
            WHEN B"10000"       => muxOutput = muxInput[16];
            WHEN B"10001"       => muxOutput = muxInput[17];
            WHEN OTHERS         => muxOutput = B"0";
      END CASE;
END;
```

4.2 VHDL-Quellcode

4.2.1 ClockDevider

```
-- Clearable loadable enablable counter

LIBRARY ieee;
USE ieee.std_logic_1164.all;

ENTITY ClockDevider IS
        PORT
        (
                CounterOffset           : IN     INTEGER RANGE 0 TO 1;
                ClockIn                 : IN     STD_LOGIC;
                Reset_N                 : IN     STD_LOGIC;
                CounterEnable           : IN     STD_LOGIC;
                LoadOffset              : IN     STD_LOGIC;
                ClockOut                : OUT    INTEGER RANGE 0 TO 1
        );
END ClockDevider;

ARCHITECTURE Behaviorial OF ClockDevider IS
        SIGNAL signalcount2     : INTEGER RANGE 0 TO 1;

BEGIN
        PROCESS (ClockIn, Reset_N)
        BEGIN
                IF Reset_N = '0' THEN
                        signalcount2 <= 0;
                ELSIF (ClockIn'EVENT AND ClockIn = '1') THEN
                        IF LoadOffset = '1' THEN
                                signalcount2 <= CounterOffset;
                        ELSE
                                IF CounterEnable = '1' THEN
                                        signalcount2 <= signalcount2 + 1;
                                ELSE
                                        signalcount2 <= signalcount2;
                                END IF;
                        END IF;
                END IF;
        END PROCESS;

        ClockOut <= signalcount2;
END Behaviorial;
```

4.2.2 ClockModulator

```vhdl
-- Clearable modulateable counter

LIBRARY ieee;
USE ieee.std_logic_1164.all;

ENTITY ClockModulator IS
        PORT
        (
                ClockIn                         : IN      STD_LOGIC;
                Reset_N                         : IN      STD_LOGIC;
                ClockModulation                 : IN      INTEGER RANGE 0 TO 9;
                ClockDelay                      : IN      INTEGER RANGE 0 TO 9;
                ClockOut                        : OUT     STD_LOGIC
        );
END ClockModulator;

ARCHITECTURE Behaviorial OF ClockModulator IS
        SIGNAL signalcount10   : INTEGER RANGE 0 TO 9;
        SIGNAL signalclock     : STD_LOGIC;
        SIGNAL signalenable    : STD_LOGIC;

BEGIN
        PROCESS (ClockIn, Reset_N)
        BEGIN
                IF Reset_N = '0' THEN
                        signalcount10 <= 0;
                        signalclock <= '0';
                        signalenable <= '0';
                ELSIF (ClockIn'EVENT AND ClockIn = '1') THEN
                        IF signalcount10 = 9 THEN
                                signalcount10 <= 0;
                                signalclock <= '0';
                        ELSE
                                signalcount10 <= signalcount10 + 1;
                        END IF;

                        IF signalenable = '1' THEN
                                IF signalcount10 = ClockModulation THEN
                                        signalclock <= '1';
                                END IF;
                        ELSE
                                IF signalcount10 = ClockDelay THEN
                                        signalcount10 <= 0;
                                        signalenable <= '1';
                                END IF;
                        END IF;
                END IF;
        END PROCESS;

        ClockOut <= signalclock;
END Behaviorial;
```

4.2.3 MUX18

```vhdl
-- Multiplexer 18 to 1

LIBRARY ieee;
USE ieee.std_logic_1164.all;

ENTITY Mux18 IS
        PORT
        (
                Input                           : IN     STD_LOGIC_VECTOR(17 downto 0);
                Adress                          : IN     STD_LOGIC_VECTOR(4 downto 0);
                Output                          : OUT    STD_LOGIC
        );
END Mux18;

ARCHITECTURE Behaviorial OF Mux18 IS
BEGIN
        PROCESS (Adress)
        BEGIN
                CASE Adress IS
                        WHEN "00000" => Output <= Input(0);
                        WHEN "00001" => Output <= Input(1);
                        WHEN "00010" => Output <= Input(2);
                        WHEN "00011" => Output <= Input(3);
                        WHEN "00100" => Output <= Input(4);
                        WHEN "00101" => Output <= Input(5);
                        WHEN "00110" => Output <= Input(6);
                        WHEN "00111" => Output <= Input(7);
                        WHEN "01000" => Output <= Input(8);
                        WHEN "01001" => Output <= Input(9);
                        WHEN "01010" => Output <= Input(10);
                        WHEN "01011" => Output <= Input(11);
                        WHEN "01100" => Output <= Input(12);
                        WHEN "01101" => Output <= Input(13);
                        WHEN "01110" => Output <= Input(14);
                        WHEN "01111" => Output <= Input(15);
                        WHEN "10000" => Output <= Input(16);
                        WHEN "10001" => Output <= Input(17);
                        WHEN OTHERS  => Output <= '0';
                END CASE;
        END PROCESS;
END Behaviorial;
```

5   QUELLENNACHWEIS

5.1   Internet

❖ **Altera Devices**
http://www.altera.com/support/devices/max3k/dev-max3k.html
abgerufen am 20.01.2009, um 14:54 Uhr

❖ **Agilent 81110A Pulse Pattern Generator**
http://www.home.agilent.com/agilent/product.jspx?cc=US&lc=eng&ckey=1000001732:epsg:
pro&nid=-536902255.536881948.00&id=1000001732:epsg:pro
abgerufen am 05.01.2009 um 10:12 Uhr